Made in the USA
San Bernardino, CA
11 December 2019

61300996R00058